Der Autor:

Prof. Elsenbrink wurde im April 1965 an Bord einer senegalesischen Raumstation geboren; zwei Jahre danach kam er zur Welt.

Bereits 1968 schloss er sein Studium der Gynäkologie in Harvard ab, verlegte aber dummerweise den Schlüssel.

Nach der Veröffentlichung seiner heute als Standardwerk geltenden Dissertation *Analverkehr aus arbeitsrechtlicher Sicht* ehelichte er eine abgehalfterte Hardcore-Darstellerin, die er aus zahlreichen Gewaltpornos gut kannte. Keine zwei Wochen darauf wiederum adoptierte er seine siamesischen Schwiegermütter und stellte sie anschließend, für eine Flasche *Schwarze Mädchentraube*, einem rumänischen Tierversuchslabor zur Verfügung. Der Kontakt riss leider ab.

Es folgte ein kurzer Ausflug in die Unterhaltungsbranche. Sein Versuch, als Büttenredner in der Sahelzone Fuß zu fassen, scheiterte jedoch an der mangelnden Bereitschaft der Eingeborenen, sich mit den Feinheiten der Kölner Mundart vertraut zu machen.

Die Rückkehr ins ernste Fach markierte seine überaus erfolgreiche Arbeit als Rausschmeißer in einem Oldesloer Hospiz. Hierbei setzte er mit seinem knallharten Durchgreifen völlig neue Maßstäbe und wurde zur Stilikone für Generationen von Türstehern aller Art.

Seinen kometenhaften Aufstieg setzte er dann als Werbetexter für einen Sarg-Discounter in Bad Kissingen fort, wo er mit dem Slogan »Wir tun Sie verscharren und Sie tun ordentlich sparren!« erstmals zu Weltruhm gelangte und ein unglaubliches Fingerspitzengefühl bei der heiklen Gratwanderung zwischen spritzigem, frechem Witz und purer Geschmacklosigkeit bewies.

Von der armseligen Humorlosigkeit im Bestattungsgewerbe angewidert, erfüllte er sich schließlich einen Kindheitstraum und verdiente seine Brötchen* viele Jahre lang als Leih-Proktologe bei einer Zeitarbeitsfirma. Den Rest entnehmen Sie bitte Ihren Geschichtsbüchern.

---

* mit feinstem Räucherlachs und herrlich cremigem Frischkäse

Das Buch:

Na ja.

Prof. Elsenbrink

Das ist der totale Schwachsinn, Mann!

Texte für das Welthumorerbe

Ein Elsenbrink-Buch

völlig überarbeitete Ausgabe
völlig überarbeiteter Autor
Übersetzung: war nicht nötig

© 2011 Thomas Elbrecht. Alle Rechte vorbehalten.
Umschlaggestaltung: Thomas Elbrecht
»Zeichnungen«, Satz, Layout: Thomas Elbrecht

Herstellung und Verlag: Books on Demand GmbH, Norderstedt
ISBN 978-3-8448-1051-6

INHALT

Danksagung

Danke, dass mir beim Zehennägelschneiden immer der Rücken weh tut. Danke auch, dass mir ständig eiskalter Wind an den Hinterkopf weht und dass mir in der U-Bahn jedes Mal die Tüte mit den unverpackten Apfelsinen umkippt. Vielen Dank nicht zuletzt auch dafür, dass sich der einzige Irre im Umkreis von zehntausend Kilometern grundsätzlich zu *mir* gesellt, um mir ein Gespräch über die Erdstrahlen-Weltverschwörung anzubieten.

Dieses Buch wäre ohne all dies niemals möglich gewesen – danke!

Prof. Elsenbrink

Die Heimsuchung

Ein kurzer Blick ins Telefonbuch, ein Anruf, und schwupps hatte Peter ein Heim für seinen kranken Vater gefunden.

Sommer '98

»Als was möchtest du wieder zur Welt kommen, Hans-Peter?«, fragte der liebe Gott beiläufig während er Wattebällchen aus seinen Zehenzwischenräumen zupfte. Hans-Peter hatte dem lieben Gott nämlich gerade brav die Zehennägel lackiert und deshalb einen Wunsch frei.

»Als Märtyrer!«, rief Hans-Peter ohne jedes Zögern, fest entschlossen, dem lieben Gott auch mit seinem nächsten Erdendasein wieder recht viel Freude bereiten zu wollen.

Der liebe Gott aber sprach: »Wenn das dein Herzenswunsch ist, dann soll es so geschehen.«

Leider hörte der liebe Gott seit dem letzten Urknall nur mehr sehr schlecht, und so kam Hans-Peter als *Mehr-Türer*, Modell Audi 80, wieder zur Welt. Sein Besitzer fuhr stockbesoffen mit 160 km/h gegen eine Mehrzweckhalle und Hans-Peter war auf der Stelle total im Arsch.

Aber für die meisten anderen Leute war der Sommer '98 eigentlich ganz okay.

Alles muss raus!

»Alles muss raus!« – so kündigte ein riesiges Plakat im Schaufenster des Haustier-Discounters *Willis Resttier-Rampe* den totalen Räumungsverkauf an. Das Plakat war so groß, dass nicht einmal Stevie Wonder es übersehen hätte.

Harry Sackfisch, passionierter Aquariumsbesitzer und begeisterter Schnäppchenjäger, schlug einen scharfen Links-Haken und spazierte frohgemut in das Geschäft. Sogleich stand er vor einem Stapel aus 10-Liter-Eimern, neben dem ein knallrotes Preisschild ein sensationelles Schnäppchen versprach: »Zwei Dutzend Zierfische (unsortiert) – nur 1,99 Euro!« Harrys inneres Sparschwein machte einen Hochstart. Läppische 1,99 für vierundzwanzig kleine schuppige Hausgenossen – unfassbar. Da kann man einfach nichts falsch machen, dachte er, griff sich zwei Eimer und flitzte mit einem Onkel-Dagobert-beim-Talerbad-Gesichtsausdruck zur Kasse.

»Was schleppst du denn da schon wieder an?«, giftete seine Frau Elfriede, als er mit den Eimern vor der Wohnungstür stand.

»Lass mich durch«, brubbelte er zurück, während er sich an ihr vorbeischob. Ohne abzusetzen marschierte er ins Wohnzimmer. »So Jungs, jetzt bekommt ihr Gesellschaft«, zwitscherte er seinen heiß geliebten Goldfischen zu, dann kippte er mit kindlicher Begeisterung den Inhalt der Eimer ins Aquarium.

»Was hat denn der Mist gekostet?«, zischte Elfriede, die unvermittelt hinter ihm stand.

»Elfriede, dreiachtundneunzich – wir werden's wohl verkraften.«

»Du immer mit deinen Ramschkäufen«, grummelte sie und verzog sich in die Küche.

Harry wandte sich wieder seinen maritimen Freunden zu.

Aber irgendetwas stimmte hier nicht. Absolut nicht! Von wegen Zierfische – eine halbe Hundertschaft aus Piranhas, japanischen Killerfischen und mutierten Bonsai-Haien fletschte vor seinen fassungslosen Augen unisono die messerscharfen Zähne, offensichtlich wild entschlossen, ein Massaker zu verüben. »Oh Gott, nein!«, schrie Harry. Panisch griff er nach dem Köcher, um die blutrünstige Brut aus dem Aquarium zu angeln. Keine drei Sekunden später war von dem Köcher nichts weiter übrig als der Griff in seiner Hand; den Rest hatte der amokschwimmende Fisch-Mob, begleitet von einem Geräusch, wie es entsteht, wenn man mit einem elektrischen Rasenmäher über einen Hydranten fährt, wegrasiert. Dann ging es seinen Lieblingen an den schuppigen Kragen. Von unstillbarer Mordlust und Fressgier getrieben, fielen die Killerfisch-Schwadronen über seine friedliebenden Goldfische her und verschlangen in einem bestialischen Unterwasser-Holocaust einen nach dem anderen. Völlig verzweifelt griff Harry mit der bloßen linken Hand ins Aquarium, um den Zierfisch-Genozid zu stoppen. Das Resultat: Er würde nie wieder zwei Handschuhe brauchen. In Sekundenbruchteilen hatten sie seinen Arm – chirurgisch präzise – bis zum Ellenbogen entfernt.

Es war Krieg!

Schmerzgebeugt schleppte sich Harry in die Küche, um sich für den vernichtenden Gegenschlag zu bewaffnen. Ganz gezielt griff er in eines der Schubfächer, und während er das Rachewerkzeug herausnahm, huschte ein diabolisches Grinsen über sein Gesicht – er war jetzt bereit.

Siegesgewiss kehrte er auf das Schlachtfeld zurück.

»Fahrt zur Hölle, ihr verdammten Drecksfische!«, schrie er, dann steckte er einen elektrischen Pürierstab ins Aquarium und stellte auf volle Leistung. Im Nu verwandelte sich alles in dreihundert Liter blutroten Fischfond.

»Das ist genau das, was ich dir seit zwanzig Jahren predige, Harry«, klugscheißerte Elfriede aus dem Hintergrund. »Billig gekauft, teuer gekauft!«

Harry sah nur noch rot. Er zerrte Elfriede an ihren Haaren ins Wohnzimmer, warf sie ins Aquarium und pürierte sie ebenfalls.

Aber das brachte ihm nur eine kurze Genugtuung, denn im Grunde – im Grunde wusste er natürlich, dass sie recht gehabt hatte.

Der Deckel

Seine außergewöhnliche Begabung, ja Berufung zum Schreiben, die bis dahin – gleichsam wie eine versunkene Schatzkammer – im Verborgenen gelegen hatte, entdeckte Horst Lehmann, seines Zeichens Schwachstromelektriker, erst im fortgeschrittenen Alter von sechsundvierzig Jahren ...

Man hatte sich eines Abends im Kollegenkreise zu einem gemütlichen Umtrunk in der Weddinger Eckkneipe *Skatklause* eingefunden. Schon nach den ersten sechs *Halben* und *Kurzen* begann sich die Stimmung allmählich zu lockern.

Untrügliche Anzeichen hierfür waren unter anderem die lebhaften Diskussionen über das Für und Wider der zahlreichen Autobahnbauprojekte des Führers in den 1930er Jahren, die mehrfach verkündeten Verdreschungsangebote an die »blöd glotzenden Penner« am Nachbartisch – aufgelockert durch das gelegentliche Ausstoßen undefinierbarer Gröllaute – und nicht zuletzt das unsittliche Begrapschen der Bedienung.

Besondere Erwähnung verdient in diesem Zusammenhang die feinsinnige Bemerkung »Titten raus, du Vieh!«, mit der man probierte, ein unverbindliches Gespräch mit der wohlproportionierten Kellnerin in Gang zu setzen.

Einen ersten Höhepunkt erreichte der Abend, als einige Kollegen sich nach fünf weiteren Halben und Kurzen spontan zu einer Magenentleerung entschlossen. Die zufällig in unmittelbarer Nähe stehende Kellnerin konnte davon in besonderer Weise profitieren, da sich der Inhalt ihrer tief ausgeschnittenen Bluse durch diese Maßnahme schlagartig verdoppelte.

Nach nochmals acht Kurzen und etwa vier bis fünf Halben dann spürte Horst, wie sich sein Bewusstsein weitete und sein Geist zu einem kreativen Höhenflug auf herausragendem intellektuellen Niveau ansetzte. Von der Muse geküsst, riss er der Kellnerin den Kugelschreiber aus der Hand und schrieb mit jener seltsamen Mischung aus entfesselter Inspiration und zwanghafter Besessenheit, die man nur bei wahrhaft großen Künstlern antrifft, *Fotze* auf die Tischdecke.

Der Erfolg war überwältigend. »Echt geil, Hotte!«, rief einer seiner Kollegen voller Begeisterung. »Ick wusst' jane' ditte schreiben tust.« Die anderen erstarrten geradezu in Ehrfurcht. »Schreib do' ma' 'n Buch, Hotte!«, wurde er ermuntert.

Aber dazu sollte es leider nicht mehr kommen, denn tragischerweise markierte jener Abend zugleich auch das Ende dieser so überaus vielversprechenden literarischen Ausnahmekarriere.

Horst bestellte, vom Erfolg beflügelt, nach und nach noch zehn weitere Halbe. Der letzte Halbe allerdings – da waren sich seine Kollegen nach einer selbstkritischen Betrachtung des Abends sicher – kann einfach nicht in Ordnung gewesen sein; er riss ihn jäh und viel zu früh aus unserer Mitte.

Horst Lehmann hinterlässt 2,17 DM in bar und einen *Deckel* über 396,70 DM.

Das Schnäppchen

Na, wer weiß, wofür's gut ist, dachte sich Karl Blumentritt, als ihm der Chefarzt beichtete, dass er ihm statt des entzündeten Blinddarms aus Versehen das kerngesunde rechte Bein entfernt habe.

Und richtig, keine sechs Wochen später konnte er ein sehr schönes Sandaletten-Einzelstück zum halben Preis ergattern.

Von tiefer Dankbarkeit erfüllt kroch er auf allen Dreien aus dem Schuhgeschäft ...

Mach Dir selber Frühstück

Plausibel, dachte der lernbehinderte Leichenwäscher Hugo Hüftsieb, während er mit ungewollt offenstehendem Mund die schätzungsweise hundertzwanzig leeren Doppelkornflaschen auf dem Küchenfensterbrett anstarrte, plausibel klingt das nicht.

Vor ihm lag ein Zettel seiner Frau:

Guten Morgen, lieber Hugo!

Ich bin heute früher wach geworden und schon mal einkaufen gegangen. Mach Dir selber Frühstück, wenn's etwas später werden sollte.

Ach übrigens, was ich Dir schon seit langer Zeit mal sagen wollte: Ich hab es im Laufe unserer Ehejahre sehr schätzen gelernt, dass Du Deinen Beruf so engagiert ausübst. An den bestialischen, stechenden, alles – sogar Deine notorische Alkoholfahne – überlagernden Verwesungsgestank, der Dich permanent umgibt, ja, den Du geradezu aus jeder Pore auszudampfen scheinst, hatte ich mich schon nach wenigen Monaten gewöhnt. Und auch, dass Du Dir, wie jeder normale Büroangestellte, am Wochenende regelmäßig Arbeit mit nach Hause bringst, stört mich überhaupt nicht mehr. Ich meine, wozu hat man denn eine Badewanne, wenn nicht, um darin Leichen zu waschen?

Ja, und natürlich war es nur konsequent, und auch ein Gebot der Gastfreundschaft, gelegentlich den einen oder anderen Deiner *Kunden* an den Frühstückstisch zu bitten. Ich fand das immer sehr *belebend!* Was haben wir für schöne, gesellige Stunden verbracht. Kannst Du Dich noch erinnern, wie der eine, ich hab seinen Namen vergessen, plötzlich mit dem Oberkörper nach vorne klappte und sein Gesicht mit der Wucht eines Vorschlaghammers in die beiden Nutella-Stullen einschlug, die Du ihm geschmiert hattest? Sternstunden unserer Ehe!

Und noch eines musst Du wissen, Hugo: Ich gestehe Dir gerne zu, dass Du – von mir aus auch mehrmals täglich – die eine oder andere knackige, blutjung dahingeschiedene Blondine Deiner sprühenden Libido teilhaftig werden lässt, während sie in unserem Schlafzimmer bäuchlings über dem Bügelbrett hängt. Und nenn sie dabei ruhig *Mutti* – Du lebst nur einmal, Hugo! Und mich stört es nicht. Nein, ich habe einfach gelernt zu akzeptieren, dass eine Frau einen Mann wie Dich niemals ganz für sich allein haben kann!

Wie gesagt, Hugo, mach Dir selber Frühstück, wenn's etwas später werden sollte.

Leb wohl!

Was sollte das mit dem »Leb wohl!«, fragte sich Hugo, wenn sie doch gleich wiederkommen wollte? Das klingt nicht plausibel, dachte er erneut, beschloss aber trotzdem, mit dem Frühstück zu warten, bis sie zurück wäre; schließlich hatte er eh noch allerhand zu tun. Er nahm einen kräftigen Schluck aus der nächstbesten Doppelkornflasche und machte sich an die Arbeit ...

Der libysche Bratapfel

»Ich will Alan Greenspan heiraten!«, schrie er ins Tiefkühlfach und nahm die Lockenwickler aus den Zähnen. Sein Leben war ruiniert ...

Poesie und Eichhörnchen

Kaum hatte Malte sein zwölftes Bockbier ausgetrunken, da stand plötzlich alles ganz deutlich vor seinem geistigen Auge. Noch nie zuvor in seinem Leben hatte er das Gefühl solch außergewöhnlicher Klarheit empfunden. Unverstellt und ungeschönt bot sie sich ihm dar: die nackte, allumfassende Wahrheit. Und sie offenbarte ihm die Wurzel allen Übels in der Welt. Er ahnte, dass dieser Moment der Gnade ein flüchtiger sein würde, und so wankte er zu dem kleinen Telefontisch im Flur, um sich Papier und einen Stift zu holen, damit er die grausige Wahrheit festhalten konnte, bevor sich alles, gleichsam wie die Erinnerung an einen Traum, auflöst und unwiederbringlich entschwindet. An den Küchentisch zurückgekehrt, zündete er sich eine Zigarette an. Tief sog er den Rauch des ersten Zuges ein und begann zu schreiben:

Seit Hunderten von Generationen überziehen sie unseren Planeten mit unvorstellbarem Leid. Wo auch immer sie auftauchen, hinterlassen sie eine Spur der Verwüstung, lassen sie alles und jeden in maßlosem Elend zurück.

Sie plündern, sie brandschatzen, sie vergewaltigen unsere Frauen, sie schänden unsere Kinder, sie vergiften unsere Flüsse, sie verpesten unsere Luft, sie nehmen uns die Parkplätze weg, sie machen Atomtests auf Kinderspielplätzen, sie pinkeln im Stehen, sie klauen Nüsse, sie bewerfen kranke

Robbenbabys mit faulen Eiern, sie ver-
prügeln behinderte, schutzbedürftige Igel.
Sie sind Schmutz, sie sind Niedertracht, sie
sind der absolute Abschaum: Eichhörnchen!

Malte legte den Stift beiseite und lehnte sich zurück.
Diese abartige, widerliche Brut, dachte er – unfassbar!
Etwas schwerfällig erhob er sich aus dem Stuhl, um noch
ein Bockbier zu holen. Nach dem er einen kräftigen
Schluck genommen hatte, setzte er sich wieder und fuhr
fort:

Ja, das Böse hat einen Namen: Eichhörnchen. Seht Euch doch ihre fiesen Fratzen
nur an! Welcher Abgrund dieser Welt könnte einen finstereren Anblick bieten?!
    Aber irgendwie hat auch diese ganze miese
Poesie damit zu tun. Verdammte Drecks-
poesie! Poesie ist das Gift in den Brunnen
unserer Zivilisation, sie ist der todbringende
Pestbrodem schwülstiger Wortschwalle, sie
ist, sie ist irgendwie ...

Malte spürte wie die Klarheit schwand. Alles wurde wieder schemenhaft, undeutlich, löste sich förmlich auf. Warum zum Teufel nochmal war die Poesie so scheiße? Er
konnte es nicht mehr genau sagen, aber er wusste, dass es
so war. Nur gut, dass er zumindest das Wesentlichste so
schnell zu Papier gebracht hatte. Wie viel unnötiges Leid
hätte die Menschheit noch ertragen müssen, wenn er diese

einmalige Gelegenheit, die Wahrheit ans Licht zu zerren, nicht so beherzt beim Schopf gepackt hätte? Kaum auszudenken.

Malte nahm noch einen Schluck Bockbier. Was da vor ihm auf dem Küchentisch lag, war im Grunde sein Auftrag. Er war ausersehen, die Menschheit zu befreien. Und er war bereit, dem Ruf des Schicksals zu folgen. Aber jetzt brauchte er erstmal einen Magenbitter. Entschlossen torkelte er ins Wohnzimmer zur Minibar, in der glücklicherweise noch eine halbvolle Flasche *Sechsämtertropfen* stand. Durst ist schlimmer als Heimweh, dachte er und setzte die Flasche an. Dann schwankte er hinüber zu seinem alten Waffenschrank. Mit einer sehr ungenau wirkenden Bewegung wischte er sich den vom Schnaps verklebten Mund ab. »Zieht euch warm an, ihr Drecksviecher!«, raunte er in die Nacht und nahm das Schrotgewehr sowie einige Munition aus dem Schrank. Er war fest entschlossen, die puschelschwänzigen Teufelsvasallen auszurotten, die Wurzel alles Bösen mit Stumpf und Stiel auszumerzen.

Sich mit einer Hand an der Wand abstützend, taumelte er zurück in die Küche. Gerade als er nach der Bockbierflasche greifen wollte, sah er aus dem Augenwinkel, dass sich draußen etwas bewegte. Sein Küchenfenster ging auf den Hof hinaus, wo ein großer alter Walnussbaum stand, dessen Äste bis auf wenige Meter an sein Fenster heranragten. Er versuchte zu erkennen, was sich dort bewegt haben könnte, aber im Dämmerlicht der nächtlichen Hofbeleuchtung konnte er zunächst nichts sehen. Plötzlich wieder. Ein Rascheln, eine hektische, abrupte Bewegung. Malte nahm eine Taschenlampe aus dem Küchenschrank und leuchtete hinaus. Es war soweit! Im fahlen Lichtkegel seiner Lampe erschien die hässliche Fratze des absolut

Bösen. Ein Eichhörnchen! Mit teuflischem Blick verschlang es eine gestohlene Walnuss. Malte schrie, als würde man siedendes Öl über ihn gießen, während er gleichzeitig mit seinem Ellenbogen die Scheibe des Küchenfensters einschlug. »Es ist vorbei!«, brüllte er hinaus. »Es ist vorbei!« »Watt iss denn hier los?«, keifte eine alte, krächzige Frauenstimme aus dem Fenster über ihm. Aber Malte reagierte nicht mehr. Er warf die Taschenlampe weg, legte sein Schrotgewehr an und feuerte wie besessen auf die nagende Satansbrut. Immer und immer wieder. »Ich mach euch die Hölle heiß!«, schrie er und schoss noch eine Salve in den Walnussbaum. Dann hielt er inne. Stille. Er begann zu lachen. Hämisch – hysterisch – triumphierend. Lauter und lauter lachte er – ein Lachen des Wahnsinns, das die Stille der Nacht durchschnitt wie ein Messer. »Sonst jeht's danke, oda watt?«, giftete die Frauenstimme von oben. Schlagartig hörte Malte auf zu lachen. Er lauschte. Wieder vernahm er ein Rascheln in den Blättern. Wutschnaubend, berstend vor Hass und Mordgier, torkelte er schwer atmend in den Flur. Verschwommen waberten vor seinen Augen zwei Wohnungstüren. Ich habe einen Schwips, dachte er und versuchte die Tür zu öffnen, griff aber ins Leere. »Dreckspack!«, entfuhr es ihm schnaufend. Desorientiert tastete er nach der Türklinke. Endlich. Als er im Hausflur stand, schlug er mehrmals suchend mit der flachen Hand an die Wand, um den Lichtschalter zu treffen, verfehlte ihn aber jedes Mal. »Scheißegal, ich komme«, lallte er, dann stolperte er vollkommen unkoordiniert Richtung Treppe. Er griff nach dem Geländer, um Halt zu finden, aber da war kein Geländer. Malte stürzte die Treppe hinunter. Ein böser Sturz, dessen polternder Lärm bedrohlich durch den Hausflur hallte. Regungslos blieb er liegen.

Als zehn Minuten danach Polizei und Feuerwehr eintrafen, konnte man nur noch seinen Tod feststellen. Genickbruch.

Im Polizeibericht stand später eine seltsame kleine Notiz: *Die Hauswartsfrau berichtete, beobachtet zu haben, dass kurz vor Eintreffen der Polizei ein Eichhörnchen mit einem Papierknäuel zwischen den Pfoten aus der Wohnung des Opfers herausgehoppelt gekommen und fluchtartig verschwunden sei. Eines sei dabei besonders merkwürdig, ja fast schon ein wenig unheimlich gewesen: Für einen kurzen Moment habe das Tier innegehalten und sie angesehen. Possierlich seien sie ja sonst, diese Eichhörnchen, sagte sie, aber bei diesem habe etwas Teuflisches in den Augen aufgeblitzt.*

Es war eine gottverdammte Tragödie. Malte hatte seine Mission nicht mehr erfüllen können.

Und darum ist immer noch alles so scheiße!

Die Läuterung

Mit einem Schlag seiner stahlharten Faust zerfetzte Kirk Morris die Tür des Saloons. Durch den Hagel der abertausend Türsplitter hindurch schritt er, umgeben von einer Aura unfassbarer männlicher Souveränität, zum Tresen.

»Sechs Doppelstöckige, du erbärmlicher Lappen!«, brüllte er den Barkeeper an, der augenblicklich in seine Hose kotete.

»Sofort, Sir«, wimmerte er und schenkte zitternd ein. Mit seiner gigantischen, behaarten Pranke krallte Kirk die sechs Whiskygläser und schüttete alles in sein gieriges Riesenmaul. Auch die Gläser! Man kann nicht früh genug anfangen, seine beschissene Umwelt einzuschüchtern, lautete sein schlichtes Credo.

Doch plötzlich wurde ihm unwohl. Sehr unwohl. Denn Kirk vertrug eigentlich gar keinen Alkohol. Nicht einen Tropfen. Er trank nur, weil ihn seine Mutter dazu zwang.

»Kirk, du bist ein Mann, du musst mehr saufen!«, schärfte sie ihm ständig ein.

Aber Kirk wollte das alles nicht mehr. Er wollte viel lieber ein anständiges Leben führen; in der Registratur der örtlichen Seniorenbibliothek arbeiten und nach Feierabend in der Töpferwerkstatt für autistische siamesische Drillinge mit Vorhautkrätze ehrenamtlich Dienst an seinen Mitmenschen tun.

Kirk wurde in diesem Augenblick klar, dass seine Mutter sein Leben verpfuscht hatte, und er beschloss, nun, da er siebenundfünfzig Jahre alt war, sich umgehend eine eigene Wohnung zu suchen, oder, wenn das nicht ginge, zumindest sein Zimmer zukünftig selbst aufzuräumen.

Und der HERRGOTT daselbst aber sah es mit großem Wohlgefallen!

Frau essen Seele auf

»Die ganze beschissene Stadt ist voll von beschissenen Irren, verdammte Scheiße!« Das war einer seiner zentralen Glaubenssätze. »Aber mich machen sie nicht fertig, diese verdammten Scheiß-Irren – mich nicht!« So pflegte er sein Credo fortzusetzen.

Sein Name war Hank. Hank Bloodbattle. Und er war jederzeit bereit, einem dieser verfickten Irren den Schädel wegzupusten, wenn es darum ging, seinen eigenen Arsch zu retten.

Beizeiten schon hatten seine Eltern begonnen ihm beizubringen, dass das Leben kein Spaziergang ist. Schließlich sollte aus ihm nicht einer von diesen verweichlichten Schwanzlutschern werden.

So setzten sie ihm beispielsweise ein Dutzend hochgiftiger Vogelspinnen in den Brutkasten. »Damit er gar nicht erst anfängt, sich in Sicherheit zu wiegen.« Zum ersten Geburtstag dann schenkten sie ihm ein Piranha-Aquarium. »Damit er sehen kann, wie der Hase läuft«, definierten sie das Lernziel dieses Mal. Seinen Schwimmunterricht musste er im Alter von zwei Jahren in einem Krokodilbecken absolvieren – ohne Schwimmlehrer natürlich! Es folgten erste spielerische Schießereien mit Nachbarskindern, Sonntagsausflüge in die Bronx – wobei er stets ein T-Shirt mit dem Aufdruck *Neger raus!* zu tragen hatte – und mit dreieinhalb schickten ihn seine Eltern nach Vietnam an die Front. Ernstfall! Aber Hank boxte sich durch, wie es sich für einen Mann gehört.

Als er mit acht Jahren nach Amerika zurückkehrte, schwor er sich, noch härter zu werden. Ab sofort ließ er sich von einer über seinem matratzenfreien Stahlbett montierten Selbstschussanlage wecken, die mit einer Zeitschaltuhr verbunden war und allmorgendlich um fünf Uhr einen Kugelhagel auf ihn abfeuerte, dem er nur lebend entkommen konnte, wenn er mit der Geschwindigkeit einer hervorschnellenden Eidechsenzunge aufsprang. Außerdem nahm er jeden Morgen ein Säurebad.

Er stählte seinen Körper und seinen Siegeswillen, wo er ging und stand. Die Osterferien verbrachte er auf den Golanhöhen, die Pfingstferien in Afghanistan und Weihnachten pflegte er mit der Fremdenlegion zu feiern – in Aserbaidschan.

Seine Eltern waren stolz auf Hank, denn im Laufe der Jahre wurde tatsächlich so etwas wie ein Mann aus ihm. Eine anständige Erziehung zahlt sich eben doch aus, dachten sie. *Ihren* Sohn würden sie nicht in das verdammte Knie ficken, diese verdammten Scheiß-Irren, dachten sie.

Viele Jahre später – Hank war mittlerweile dreiundzwanzig – reiste er nach Deutschland zum alljährlichen *Gewaltexzess-Ball*, einer zumeist recht ausgelassenen Tanzveranstaltung der Fremdenlegion, auf der auch gerne mal scharf geschossen werden durfte. An jenem Abend nahm sein Schicksal eine dramatische Wende!

Er begegnete der bulgarischen Ex-Hammerwerferin Anna Bolika. Sie wog zweieinhalb Zentner und bewegte sich mit der Anmut eines gehbehinderten Nilpferdes. Feminine Züge? Fehlanzeige! Selbst Chuck Norris wirkte im Vergleich zu ihr wie die zarte *Bilitis* – Hank hasste sie!

Sie hingegen fand ihn geil.

»Meins!«, grunzte sie und zerrte ihn an seinen Haaren zu sich in die Wohnung. Schon am nächsten Tag ehelichte sie ihn – gegen seinen Willen. Es war wie bei einer südanatolischen Zwangsheirat. Hank wollte sich wehren, aber er war ihr körperlich hoffnungslos unterlegen.

Und so begann ein Martyrium ohnegleichen. Anna Bolika sah nicht nur pervers aus, sie war es auch. Mal musste er im arschfreien Dienstmädchenkostüm das Geschirr spülen, mal mit einem alten Kartoffelsack über dem Kopf die Fenster putzen, ein anderes Mal als Ferkel verkleidet mit ihr Gassi gehen; und stets hatte er ihr sexuell zu Diensten zu sein. Sie nahm ihn wann und wo sie wollte. Bisweilen dreizehn Mal am Tag. Ihre Gier war unersättlich.

Hank aber zerbrach innerlich.

Eines Tages dann, er musste mal wieder ein rosafarbenes Rüschenkleidchen tragen und kniend die Dielen des sechs Meter langen Flurs sauberlecken, während sie ihn mit ihrem monströsen Umschnalldildo zum Mädchen machte, da suchte er – er, der er des Deutschen kaum mächtig war – nach Worten, um seiner schier grenzenlosen Verzweiflung Ausdruck zu verleihen. Leise und ängstlich wimmerte er vor sich hin: »Frau essen Seele auf.«

Hank war fertig, und er verfluchte den Tag, an dem der Eiserne Vorhang gefallen war ...

NACHWORT

Die tragische Lebensgeschichte des Hank Bloodbattle wurde von dem deutschen Regisseur Rainer Werner Fassbinder unter dem Titel *Angst essen Seele auf* in grob sinnentstellender Weise verfilmt. Durch ein katastrophales Versagen beim Casting wurde zudem die Rolle der Anna Bolika mit Brigitte Mira besetzt. Wir sind immer noch fassungslos!

Gibt es denn wirklich gar keine Geschmacksgrenzen mehr?

Bianca und der Halbgott in weiß

– Ein Arztroman –

»Guten Tag, Herr Doktor«, hörte sich Bianca sagen, als sie das Sprechzimmer betrat. Beinahe hätte es ihr die Sprache verschlagen. Er war das, was man das Bild von einem Mann nennt. Er, Dr. Bernhard Blocknase, seines Zeichens erfolgreicher Hals-Nasen-Ohren-Arzt, sah einfach blendend aus und verströmte aus jeder Pore Güte und Warmherzigkeit.

»Was kann ich für Sie tun?«, fragte er einfühlsam und füllte dabei den Raum mit seiner beruhigenden, sonoren Stimme aus. Bianca fühlte sich in diesem Moment so geborgen wie noch nie zuvor in ihrem Leben.

»Bitte heirate mich, ich liebe dich!«, brach es vollkommen unkontrolliert aus ihr hervor. Sie war ihm auf der Stelle schwer hörig geworden.

»Ja, Bianca, ich liebe dich auch, obwohl du schwerhörig bist«, sagte er.

Bianca schmolz dahin wie eine Schneeflocke in der ersten Frühlingssonne.

»Ja, ich werde dich heiraten, Bianca«, sagte er weiter. »Und wir werden gemeinsam nach Monaco ziehen und viele, viele glückliche, gesunde und hübsche Kinder haben, du und ich! Die Sommerferien werden wir alljährlich auf meiner Südseeyacht verbringen.«

Bianca schwamm im Glück. Tränen der Rührung flossen über ihre Wangen.

Dr. Blocknase stand auf und ging zu ihr. Auch sie stand auf, um sogleich in seine Arme sinken zu können, doch urplötzlich packte er sie eiskalt und ultrabrutal an den Haaren und zerrte sie mit roher Gewalt, wie einen Müllsack, in die Ecke des Sprechzimmers, wo er sie mit Nato-Draht an den Behandlungsstuhl fesselte. Bianca schrie wie am Spieß. Vollkommen emotionslos holte er eine Kettensäge aus dem Schrank. Nachdem er eine Schweißer-Brille aufgesetzt hatte, zündete er sich eine Zigarette an und schaltete die Kettensäge ein, die bedrohlich aufheulte. Biancas Schreie verstummten. Sie wichen einem kranken Lachen – ihr Geist hatte sich in den Wahnsinn geflüchtet. Dr. Blocknase zog nochmal an seiner Zigarette, dann trennte er ihr bei lebendigem Leibe sämtliche Gliedmaßen ab und warf sie seinem Hund zum Fraß vor. Biancas bluttriefende Wunden tackerte er grob zu.

Noch am selben Tag verhökerte er ihren Rumpf für eine Flasche Krimsekt an einen Zirkel vollkommen abartiger weißrussischer Torsosex-Süchtiger, von dem sie in einer abgelegenen Folter-Villa nach Strich und Faden missbraucht und misshandelt wurde. Deshalb heißt es auch, dass es in Russland viel Elend gibt.

Dr. Blocknase machte später, bis zu seinem tragischen Ableben, unter einem Künstlernamen Karriere als Schlagersänger und blieb der Nachwelt vor allem durch seine mitreißenden Hossa-Rufe in angenehmer Erinnerung.

Erinnerungen

»Die Erinnerung ist das einzige Paradies, woraus wir nicht
vertrieben werden können.«
(Jean Paul)

Frau Käthe Wuppdich, eine betagte Dame von sieben-
undneunzig Jahren, denkt gerne an die guten alten Zeiten
zurück. Ihre glückliche Kindheit in Pommern schildert sie
wie folgt:

»Ach ja, damals gab es überall diese stacheligen Schäfer-
hunde, genau wie meine Mutter, aber wir hatten doch gar
kein Geld für Brustkrebs. Die Butter reichte ja nicht mal
zum Annähen der Zehennägel. Und die Milchkanne mit
Hufeisen – ach du liebe Zeit. Na ja.«

Warum Knut?

Sehr häufig wurde Knut von seinen Freunden gefragt,
warum er diesen unglaublichen Erfolg bei Frauen habe.
Und auch Knut selbst dachte oft darüber nach …

War es vielleicht, so fragte er sich, weil das *mit Abstand*
Netteste, was man über ihn sagen konnte, war, dass er
jeden Morgen ein Dutzend Goldhamsterbabys erdrosselte,
sie dann in den Müllschlucker warf und anschließend vier
bis fünf Stunden zwanghaft onanierte? Oder war es

möglicherweise, weil die *mit Abstand* normalste sexuelle Neigung, die er hatte, seine Vorliebe für steinalte, beinamputierte und nach ranzigem Lebertran riechende Peruanerinnen war, die er – es sollte ja schließlich Spaß machen – von seiner auf dem Kronleuchter schaukelnden Mutter mit Sauerkraut bewerfen ließ, während er sich an ihnen verging? Oder war es am Ende etwa – auch das nicht abwegig –, weil die *mit Abstand* größte Leistung seines Lebens im Erkranken an einer chronischen Schweißdrüsenentzündung mit eitrigem Ausfluss und fauliger Geruchsbildung bestand? Geruchsbildung – wiederum ein möglicher Grund – war übrigens auch die einzige Bildung, über die er verfügte.

Ja, in der Tat, er hatte, das wurde ihm immer klarer, je länger er darüber nachdachte, wirklich unzählige wundervolle Vorlieben, Eigenarten und Wesenszüge, die ihn sehr, sehr begehrenswert machten, aber was von alledem wohl letztlich den Ausschlag gab, konnte er beim besten Willen nicht mit Gewissheit sagen. Wahrscheinlich, dachte er – und hatte dabei ein seltsames Gefühl von wahrer Größe und Bedeutung –, wahrscheinlich werde ich mein Erfolgsgeheimnis eines Tages mit ins Grab nehmen ...

Fliegenkot

Vor einiger Zeit trug sich im Hinterzimmer eines türkischen Gemüseladens in Berlin-Kreuzberg Folgendes zu:

Die gerade erst aus einer Kindergeschichte geflohene Stubenfliege Puck, die sich als Zeichen ihrer bedingungslosen Assimilierung nunmehr Ütz-Pück nennt, sondert während eines Erkundungsfluges durch den unter hygienischen Gesichtspunkten hochgradig bedenklichen Gemüseladen eine vergleichsweise überschaubare Menge Fliegenkot ab, welche sich widerstandslos den Gesetzen der Schwerkraft beugt und unverzüglich ihre Reise Richtung Erdmittelpunkt antritt, dabei allerdings bereits nach kurzer Flugzeit durch die spärlich behaarte Schädelplatte des 43-jährigen, spielsüchtigen Langzeitarbeitslosen Mustafa Ümmildümmil gebremst wird, woraufhin selbiger kurzzeitig aus seinem sonst zumeist nur zum Zwecke der Nikotin- und Alkoholaufnahme unterbrochenen, komatösen Schlaf erwacht, um sich desorientiert am Kopf zu kratzen.

Wenige Sekunden später kommt es in Israel zu einer dramatischen Regierungskrise mit tumultartigen Szenen, die ein Auseinanderbrechen der 411-Parteien-Koalition zur Folge hat und die spontane Neugründung von zweihundertachtundsiebzig Splitterparteien im ultraorthodoxen Spektrum nach sich zieht, welche allesamt vorsorglich mit Vergeltung drohen, ohne allerdings vorab darüber Einigkeit erzielt zu haben, gegen wen sich diese eigentlich richten soll ...

Trotz intensivster Bemühungen konnte bis zum heutigen Tage weder bewiesen werden, dass zwischen den geschilderten Vorgängen irgendein kausaler Zusammenhang besteht, noch, dass sich diese Dinge überhaupt zugetragen haben; schließlich könnte die Verbreitung solcher Geschichten lediglich ein bösartiger Versuch sein, bestehende Vorurteile weiter zu zementieren.

Vor allem aber war es vollkommen unmöglich, weltweit auch nur eine Person zu finden, die an alledem das leiseste Interesse gehabt hätte!

Das Glück des Tüchtigen

Seit etwa vierzehn Stunden saß Johannes-Maria von Hohen-Sudelburg nahezu regungslos vor dem flimmernden Fernseher. Allmählich begann er sich ein wenig zu entspannen. Ein Prozess, der allerdings vom letzten Besuch der Toilette vor sechs Stunden empfindlich gestört worden war. Nie wieder würde er sich einer derartigen Strapaze unterziehen, hatte er beschlossen. Ein klares *Nein* zu dieser Form der körperlichen Selbstausbeutung hatte er in sich vernommen. Sollten sie doch alle sehen, was sie davon haben, wenn er einfach einmacht. Es würde ihnen schon noch leidtun, wenn er vollgepisst auf dem Sofa sitzt. Ja, ja, hinterher ist das Geschrei immer groß!

Plötzlich fiel das Bild aus.

Nur eine vollkommene Überforderung seiner Muskulatur verhinderte, dass in diesem Augenblick der Ausdruck nackten Entsetzens und totaler Mutlosigkeit sein Gesicht zur Fratze verzerrte. Aber seine Gedanken verfinsterten sich, seine Stimmung stürzte in bodenlose Tiefen. Noch nie hatte es das Leben gut mit ihm gemeint. Immer lief alles nur gegen ihn. Die ganze verdammte Welt hatte sich in einem monströsen Komplott gegen ihn verschworen, einzig von dem Wunsch beseelt, ihm das Leben zur Hölle zu machen, jeden noch so zarten Funken von Lebensfreude in ihm für alle Zeit auszulöschen.

Hatte sich nicht erst kürzlich der tägliche Wertzuwachs seiner karibischen Inselketten dramatisch auf hundertsiebenunddreißig Prozent verlangsamt? War nicht gerade vor sechs Wochen sein Speisesaal zu einer zweiten Sahelzone verkommen, als seine heiß geliebten neuseeländischen Babyflußkrebsfilets nicht lieferbar waren, weil irgendein debiler Pilotentrottel mit dem Transportflugzeug in einem Hurrikan abgestürzt war? Und was war mit seinen sogenannten Eltern? Hatten sie nicht Anfang des Jahres seine monatliche Dekadenzbeihilfe von hunderttausend auf neunzigtausend Euro gekürzt, weil sie angeblich irgendein beschissenes Kinderhilfswerk finanziell unterstützen wollten? Kann es denn wahr sein, hatte er sich da gefragt, dass seine leiblichen Eltern irgendwelchen wildfremden, verwöhnten Drecksblagen den Puderzucker in den Arsch bliesen, während sie ihn verelenden ließen? Widerliches Pack!

Eindringlicher, drängender, quälender als je zuvor hämmerte die Frage in seinem Kopf: Warum ging es allen Menschen auf der Welt besser als ihm? Voller Neid dachte er an die Gefolterten in Südamerika und die Landminenopfer in Asien – wie heiter und unbeschwert war doch ihr Leben im Verhältnis zu dem seinen. Undankbare Brut!

Von all diesen niederschmetternden Gedanken in ein unentrinnbares Tal des Weltschmerzes gespült, fasste er einen Entschluss: Er wollte seinem jämmerlichen Dasein ein Ende bereiten. Hier und jetzt – sofort! So konnte es schließlich nicht mehr weitergehen. Was sollten denn die Leute denken?!

Aber der Gedanke an die damit verbundenen Anstrengungen machte ihn so müde, dass er einschlief und wie ein nasser Sack, bar jeder Art von Haltung, vom Sofa fiel.

Die Erschütterung seines dumpfen Aufschlages ließ das Oberlicht des Fensters, das nur angelehnt gewesen war, einen Spalt weit aufschwingen. Mit einem zarten Windhauch wehte ein kleiner Zettel durch eben diesen Spalt in sein Zimmer, ein Zettel klein und fein, der tanzte noch ein Weilchen in der Luft, beschwingt und schwerelos, und landete schließlich sanft vor seinem Gesicht.

Als Johannes-Maria von Hohen-Sudelburg nach vielen, vielen Stunden zerknittert aus seinem todessehnsüchtigen Schlaf erwachte, sah er den Zettel vor sich liegen, und siehe da, es war ein Bar-Scheck über drei Millionen Euro.

Mit dem Gesichtsausdruck eines Justizirrtumsopfers, das nach jahrzehntelanger Isolationshaft finanziell entschädigt worden war – einer Mischung aus später Genugtuung und tiefer Verbitterung – nahm er den Scheck, nahm er sein sauer verdientes Geld an sich.

Und so hatte sich einmal mehr gezeigt, dass es sich lohnt, sein Schicksal selbst in die Hand zu nehmen, denn das Glück ist mit den Tüchtigen!

Die Genesung

Seit vor einigen Wochen die rund zweihundert Außerirdischen mit den spiralförmigen, silbrig glänzenden Antennen auf ihren fünfeckigen Köpfen in seinem Schuhschrank eingezogen waren, um dort in aller Ruhe die Übernahme der Weltherrschaft vorzubereiten, hatten seine furchtbaren Halluzinationen endlich aufgehört.

Die unglaubliche Einfältigkeit der Menschen im Mittelalter

Die Menschen im Mittelalter waren von einer derart unglaublichen Einfältigkeit, dass wir zivilisierte Mitteleuropäer des einundzwanzigsten Jahrhunderts es uns kaum vorstellen können!

Um sich auch nur ansatzweise einen Begriff von diesem Phänomen machen zu können, müssen Sie sich vor Augen führen, dass damals *alle* Leute von früh bis spät auf irgendwelchen matschigen Feldern herumkrochen und mickrige Kartoffeln ausbuddelten, die sie abends im Schummerlicht stinkender Funzeln in arschkalten Buchten – und in Ermangelung einer anständigen Mikrowelle – halbgar in sich hineinstopften, um dann anschließend mit verkorkstem Magen ins knüppelharte Bett zu steigen; und das alles nur, damit der ganze Scheiß am nächsten Tag wieder von vorne losgehen konnte.

Das ist doch nicht normal, werden Sie jetzt vermutlich denken, aber damals war es genau das: normal.

Aber das Schlimmste ist ja, dass diese das Mittelalter bevölkernden Erbsgehirne sich nicht einmal vorstellen konnten, wie man es sich vielleicht hätte ein bisschen netter machen können.

Nichts ahnten sie in ihrer Einfältigkeit von dem Wohlgefühl, das sich beispielsweise beim Verzehr von südfranzösischem Wachtelbrägenschaum an karamellisiertem Kolibrileberpürree einstellt, insbesondere wenn einem dieser kleine Leckerbissen von zwei oder drei wohlgewachsenen, willenlosen Teenieschlampen in Strapsen und Stöckelschuhen kredenzt wird.

Und erst das erhebende Gefühl, nach solch einem Mahl mit dem Privathubschrauber ein wenig über dem benachbarten Slum zu kreisen und – bei einem gepflegten Gläschen Dom Pérignon – nach Herzenslust auf die Bewohner desselben herunterzukacken, während die drei tabulosen Flugbegleiterinnen ihren libidinösen Obliegenheiten nachkommen ... All das – schlichtweg nicht vorstellbar für diese Schwachköpfe.

Wie armselig, werden Sie denken, und Sie haben natürlich recht. Apropos Recht.

Merke: Wir haben das gottverdammte, gute Recht, uns aufs Verächtlichste über diesen Idiotenhaufen lustig zu machen!

Und so wollen wir unseren kleinen Ausflug in das entsetzlich primitive Mittelalter auch mit einem entsprechenden Ratschlag beschließen:

Sollte es Ihnen vielleicht mal einen Tag nicht so gut gehen, ist ihr Selbstwertgefühl mal richtig im Keller, dann bauen Sie sich doch aus ein paar alten Schuhkartons einen Mittelalter-Pappkameraden. Hängen Sie ihm ein Schild mit der Aufschrift »Ich bin genauso blöd wie die Kartoffeln, die ich den ganzen Tag ausbuddele« um, und holen Sie das Nudelholz aus der Küche. Dann dreschen Sie auf ihn ein und beschimpfen ihn, dass es eine Art hat. Wie wär's zum Beispiel so: »Du dumme Mittelalter-Sau, ich zieh dir eine rein, du alte Blödkartoffel! Wie kann man nur so bescheuert sein?! Merkst du denn gar nichts mehr, du Hohlbrosche? Du bist mir dermaßen unterlegen, du behämmerte Dumpfnuss! Komm her, ich hau dir auf die Fresse, du Blödmann!« Holen Sie richtig aus, hauen Sie ihn völlig zu klump – er hat's nicht besser verdient!

Wie gesagt, probier'n Sie's mal. Sie werden sehen, es hilft!

Dicke Freunde

– Eine Gutenachtgeschichte für Kleinkinder –

Mit dicken Bäckchen und begleitet von den tosend lauten Heh- und Hoh-Rufen aller Gäste blies Tobias die Kerzen seiner Geburtstagstorte aus. Vier Stück waren es, denn es war sein fünfter Geburtstag. Kaum war die letzte Kerze erloschen, da machten sie sich auch schon wie die wilden Räuber über den Süßschmaus her. Jeder probierte, ein möglichst großes Stück abzubekommen, denn alle hatten natürlich einen Bärenhunger. Tja, und so hatte die wilde Rasselbande im Nu die ganze Torte verputzt. Was für ein Riesenspaß!

Tobias war ganz außer Rand und Band vor Freude. Schließlich gab es zum Geburtstag immer viele, viele tolle Geschenke, und außerdem waren alle seine Freunde aus dem Kindergarten gekommen. Aber am meisten freute er sich, dass auch sein bester Freund Bastian wieder gesund war und mit dabei sein konnte. Der hatte nämlich vor ein paar Tagen noch mit Masern im Bett gelegen.

Nachdem sie sich also ordentlich gestärkt hatten, rannten sie mit ihren schokoladenverschmierten Gesichtern ins Kinderzimmer. Alle waren furchtbar ausgelassen und hatten Riesenlust, etwas zu spielen. »Ich will Verstecken spielen!«, rief die aufgeweckte kleine Iris in die Runde. »Jaaaaaah!«, schrie die wilde Meute zurück, dass es einem in den Ohren klingelte. Nur einer schrie nicht mit: Bastian. »Ich will mit den Legosteinen spielen«, sagte er, nachdem der Schrei verhallt war. »Ach, nööööööh!«, riefen die anderen wieder. »Ich will aber!«, schrie Bastian mit sich überschlagender Stimme. Gleichzeitig stampfte er mit dem Fuß auf den Boden. »Schau mal, Bastian«, schaltete sich Tobias' Mutter, die in der Tür stand, vermittelnd ein, »du kannst doch später noch mit den Legosteinen spielen.« Aber Bastian hatte ein richtiges kleines Böckchen. Er zog seine Schnellfeuerwaffe und begann, wahllos in die Menge zu schießen. Ein Aufschrei des Entsetzens gellte durch den Raum. Tobias' Mutter erkannte sofort den Ernst der Lage und rannte zum Telefon, um Hilfe zu holen. »Bleib stehen, du miese Schlampe!«, keifte Bastian, während er ihre Beine mit Kugeln durchsiebte bis sie zusammenbrach und regungslos liegenblieb. Triumphierend trat er ihr in den Nacken. »Du wirst mir nie wieder vorschreiben, was ich zu tun habe, du Drecksau!«, schrie er mit Schaum vorm Mund, dann pumpte er ihr den Schädel mit Blei voll. Inzwischen waren aus dem Wohnzimmer die anderen Erwachsenen herbeigeeilt. Bastian zog einen riesigen Säbel aus seiner Jacke und enthauptete einen nach dem anderen. Die abgeschlagenen Schädel rollten wie in einem monströsen Alptraum durch das Kinderzimmer. Onkel Hans' kopfloser Körper rannte noch einige Sekunden wild zappelnd durch den Korridor. Es war der blanke Horror! Aus dem offenen Stumpf am Hals schoss dabei das Blut literweise, wie aus einem geplatzten Wasserrohr, gegen die Decke, bevor er schließlich in sich zusammensackte. Dann begann Bastian, sich in einem rasenden Blutrausch schneller und schneller um die eigene Achse zu drehen, immer den Finger am Abzug. Mehrere Minuten schoss er ohne Unterlass um sich und löschte alles Leben in der Wohnung aus.

Lediglich Tobias überlebte das Böckchen. Er hatte sich in die Küche gesetzt und war ganz schön eingeschnappt.

Aber als sie sich am nächsten Tag im Kindergarten wiedersahen, war alles vergessen, und sie waren wieder dicke Freunde.

Strafe muss sein!

Als der Mensch verbotenerweise vom Baum der Erkenntnis gegessen hatte, war Gott sehr erzürnt.

Zur Strafe vertrieb er den Menschen aus dem Paradiese, nahm ihm die Unsterblichkeit, schickte ihm einen bunten Strauß an Plagen, schickte ihm Hungersnöte und schickte ihm die Pest. Das alles aber beeindruckte den Menschen recht wenig.

Gott war verzweifelt.

In seiner Not stellte er ein Amtshilfeersuchen beim Teufel, und siehe da, der wusste Rat. Ein breites, fieses Grinsen huschte über Gottes Gesicht, als er den Vorschlag des Pferdefüßigen vernahm.

Seither steht in allen Fußgängerzonen der Welt die Heilsarmee und singt!

Orientierungslos

Klaus-Bärbel rauchte mächtig der Kopf. Pausenlos quälten ihn Fragen, auf die sein spitzfindiger Geist partout keine Antwort finden konnte und die ihn zunehmend verwirrten:

Was war eine *Bohrinsel* – ein Eiland speziell für Zahnärzte? War *Bleigehalt* die Entlohnung mit Schwermetall? *Natriumarm* ein Greiforgan aus Salz? War es wirklich ratsam, beim Skatspielen *Reizwäsche* zu tragen? Und was waren eigentlich *Asienfonds* – die Basen für gute Sauerscharfsuppen? Waren womöglich alle Apotheker *Niesnutzer*? Ja, und *unfehlbar* – etwa eine Szenekneipe für Götter? Der *Leinenzwang*? War er Bestandteil einer hautfreundlichen Kleiderordnung? Der *Manteltarif* der Preis für ein winterliches Kleidungsstück; *Spargel* gar nur preiswerte Pomade? War der *Lippenstift* am Ende ein Kussvirtuose in der Ausbildung und *Fassbier* die Belohnung für alkoholabhängige, beißwütige Kampfhunde? Was, wenn *Urlaub* lediglich die früheste Form des Blattwuchses wäre und *Blütenstaub* nichts weiter als der pulverisierte Überrest gefälschter Banknoten? Kaum auszudenken, wenn die *Blaskapelle* letztlich ein zum Bordell umfunktioniertes Gotteshaus wäre und – verwirrender noch – *Babyspeck* womöglich eine Omelettezutat bei den Kannibalen; jenen üblen Zeitgenossen also, auf deren grausiger Speisenkarte, so mutmaßte er, gelegentlich auch *Menschenauflauf* stehen dürfte ...

Nichts schien zu sein, was es zunächst zu sein schien und absolut nichts schien ihm mehr sicher.

Großer Gott, ich habe wirklich das Orientierungslos gezogen, dachte er. Dann platzte sein Schädel.

Die byzantinische Schmorgurke

»Hört, hört!«, höhnten ihm unisono Hunderte von Bratäpfeln mit Alan-Greenspan-Gesichtern entgegen, als er die
Türen seines Kleiderschranks öffnete.

»Was wollt ihr Typen eigentlich?«, schrie er angsterfüllt.
Sein Leben war ruiniert ...

Geheilt?

Eigentlich hatte alles relativ harmlos angefangen ...

Vor gut einem Jahr heilte plötzlich Ferdinands chro-
nische Eigenblutallergie aus. Natürlich war das nicht schön,
aber es kann ja nicht immer nur aufwärts gehen, hatte er
sich damals selbst beschwichtigt.

Als dann kurz darauf seine Nasenscheidewand-Epilepsie
über Nacht auskuriert war, bekam er es allerdings das erste Mal ein wenig mit der Angst zu tun.

Aber die Zeit der Prüfungen hatte gerade erst begonnen.
Als Nächstes bildete sich sein ganzer Stolz, das etwa vier Ki-
logramm schwere, tiefschwarze Geschwür in seiner Mund-
höhle, gleichsam im Handumdrehen zurück; unwiederbringlich, wie er schon damals befürchtete.

Wie naiv jedoch war es zu glauben, schlimmer könne es
nicht mehr kommen.

Sein Zahnfleisch-Spasmus, der hochfiebrige Klumpohr-
Rheumatismus, sein Unterlippenlepra, ja sogar sein Ein
und Alles, der nässende Ganzkörperfußpilz – nur wenige

Tage später einfach weg. Ferdinand hatte das Gefühl, den Boden unter den Füßen zu verlieren. In seiner Verzweiflung begann er zu beten:

»Lieber Gott, manches Opfer hast du mir abverlangt, aber bitte nimm mir nicht auch noch meine Achselhöhlenfäulnis, die Hodenkoliken und das Gehörgangsfieber!«, flehte er gen Himmel.

Vergebens. Er wurde nicht erhört – im Gegenteil! In der Folge überrollte ihn eine Genesungswelle unvorstellbaren Ausmaßes, und der Schöpfer nahm ihm mit alttestamentarischer Gnadenlosigkeit alles, was ihm noch geblieben war: seine Gesichtskrampfadern, den analen Saugwurmbefall, die Augapfel-Blähungen.

Ferdinand war nun kerngesund. Aber vor allem war er jetzt, so ganz ohne seine bizarren Krankheiten, eines: vollkommen durchschnittlich. Nichts hob ihn mehr aus der Masse hervor, er war nur noch ein x-beliebiges, topfittes Arschloch, wie es sie millionenfach gab; er war ein Niemand, er war ein Nichts!

Und deshalb verließen ihn dann auch alle: Erst seine Frau, dann die Kinder und zum Schluss auch sein Hund und sein Gecko. Und ganz zum Schluss wurde er einfach vom Nichts verschluckt. Nichts zu nichts, sozusagen. Macht nichts, oder? Zumindest war er ja geheilt ...

Hass

Hartmut Rübenzwang hasste alles! Und am allermeisten hasste er es, dass ihn seine Mutter jeden Morgen, wenn er die Wohnung verließ, fragte: »Haste alles?«

Freies Assoziieren bei der Samenspende

... hol die Möpse raus, du Schlampe ... ja, ja, und jetzt bücken, du versautes Drecksluder ... wird's bald, du geiles Miststück. Wehe, du erzählst irgendwas deinen Eltern ... hier, du miese kleine Schlampe, komm schon, du willst es doch auch so ... stell dich nicht so an ... ja, genau so, du geile Schlampe, hab ich's doch gleich gewusst ... ja, bleib so, ja, geil ... ihr seid doch alle gleich ... ja, geil, geil, geeeeiiiill ...

»Fertig, Schwester!«

Zufall?

Am 12. Juli 1978, um 19.32 Uhr mittelchinesischer Sommerzeit, wird der reisweinsüchtige Hilfskoch Cheng Li Fui, der zu dieser Zeit dösend in der Küche des Pekinger Restaurants *Entenfriedhof* sitzt, durch das Klingeln der Eieruhr unsanft aus seinem Dämmerzustand gerissen. Voll des guten Reisweines und noch leicht schlaftrunken wankt er zum Ofen, um die kross gebackene Ente herauszuholen. Volsicht, heiß und fettig, denkt er, während er mit dem dampfenden Geflügeltier in den Händen zur Arbeitsplatte eilt. Da sein Kreislauf jedoch immer noch im Bildschirmschoner-Modus arbeitet, gerät er ins Straucheln. Reflexartig greift Herr Li Fui mit einer Hand in Richtung Wand, um sich abzustützen und so ein Herunterfallen des delikaten Gargutes auf den vollkommen versifften Küchenboden zu verhindern. Unglücklicherweise fasst er dabei versehentlich in eine Steckdose. Unvermittelt durchzucken mörderische 220 Volt den Körper von Herrn Li Fui, der daraufhin – die Ente immer noch in der anderen Hand haltend – wie ein hyperaktives Kind durch die Küche zappelt, bevor er schließlich zusammenbricht und im fettigklebrigen Siff verendet.

Auf die Sekunde genau zur selben Zeit erfindet der geistesgestörte deutsche Alleinunterhalter Gottlieb Wendehals den Ententanz. Zufall?

Die transsylvanische Pellkartoffel

»Alan Greenspan ist tot«, sagte eine seltsam vertraut klingende Stimme am anderen Ende der Gegensprechanlage.

»Wer ist da?«, fragte er.

»Erstickt an einer byzantinischen Schmorgurke«, fuhr die Stimme fort.

Panikerfüllt stürzte er zum Fenster und sah hinunter zur Haustür. Der Mann, der unten, in einem über und über mit Lockenwicklern und Bratäpfeln behangenen Trenchcoat, auf der regennassen Straße stand und hysterisch lachte, war zweifellos er selbst.

»Das ist der totale Schwachsinn, Mann!«, sagte er. Sein Leben war ruiniert – endgültig!

»Alan, bist du's?«

EINSICHTEN

Gedanken zur Nacht
– von Prof. Elsenbrink –

Alles fließt

Sehr häufig werden vollkommen banale Aussagen namhafter Persönlichkeiten im Nachhinein durch neunmalkluge Stammtischphilosophen und andere Möchtegern-Denker maßlos überinterpretiert und erlangen auf diese Weise eine vermeintlich tiefsinnige Bedeutung, die ihr Urheber selbst ihnen niemals verliehen hatte.

So gilt beispielsweise der Ausspruch *Alles fließt* – durch das unselige Treiben eben solcher Knalltüten – mittlerweile als reinstes Destillat menschlicher Erkenntnisfähigkeit bezüglich der Vorgänge im Kosmos.

In Wahrheit jedoch traf Heraklit diese nüchterne Feststellung, als er dereinst während einer Türkei-Reise eine ganze Schar Sanitär-Facharbeiter beim Fliesen eines öffentlichen Bades beobachtete: »Alles fliest!«

Optimismus

Natürlich ist es nicht abwegig, in allem das Schlechte und Negative zu sehen, nur bleibt dabei die Frage unbeantwortet, wie man solch überschwänglichen Optimismus rechtfertigen könnte.

Über Freud

Entgegen der weit verbreiteten Ansicht, dass der bekannte Psychoanalytiker Sigmund Freud ein recht verschrobener und nicht eben volksnaher Zeitgenosse gewesen sei, war es wohl in Wahrheit vielmehr so, dass er geradezu ein äußerst geselliger Kumpeltyp war, oder wie ist es sonst zu erklären, dass die Worte *uns freut* bis heute so häufig gebraucht werden?

Fett

Hat auch mancher Käse 65% Fett in der Trockenmasse und erfreut damit die Gaumen vieler Feinschmecker, so heißt das noch lange nicht, dass 100% Oberschenkelfett, in eine viel zu enge Radlerhose gepresst, einen Anblick ergeben, der irgendjemandes Auge erfreut!

Fortschritt

Kann man auch über die Frage, ob der Mensch seit seinem Erscheinen auf der Erde irgendeine fortschrittliche Entwicklung genommen habe, vortrefflich streiten, so muss doch zumindest konstatiert werden, dass die vom Homo sapiens ersonnenen Methoden zur öffentlichen Peinigung und Erniedrigung seiner jeweiligen Zeitgenossen im Laufe der Jahrhunderte in durchaus erstaunlichem Maße verfeinert worden sind.

So galt beispielsweise im Mittelalter der Pranger bereits als schärfste denkbare Maßnahme zu diesem Zwecke. Darüber können wir heute nur noch milde lächeln.

Die insbesondere in Bayern verbreitete Praxis, schon kleine Kinder zum öffentlichen Tragen sogenannter *Krachlederner* zu zwingen, sei hier nur als besonders grausames und eindringliches Beispiel eben jener Art von Fortschritt angeführt!

Politisch unkorrekt?

In welch erbarmungswürdigem, verkommenem Zustand befindet sich eine Gesellschaft, in der es mehr und mehr als schicklich gilt, Giftmord aus Habgier als moralisch zweifelhaft oder gar politisch unkorrekt zu bewerten, wo doch selbst das dümmste Kind weiß, dass dies die einzige Möglichkeit ist, einen Lebensstil zu finanzieren, der das Prädikat *angenehm* verdient hat?!

Die Preisfrage

Sind auch viele Rätsel des Universums nach wie vor ungelöst, die großen Fragen nach dem Woher, dem Wohin und dem Sinn all dessen völlig offen, ja, wissen wir auch kaum etwas über die Geheimnisse von Raum und Zeit, und scheint uns die alles erhellende Weltformel auch ferner denn je, so ist doch zumindest sicher, dass 1,99 Euro für lumpige hundert Gramm Kalbsleberwurst eine an Wucher grenzende Unverschämtheit sind!

Geld allein macht nicht glücklich

Nur allzu gerne wird die Binsenweisheit, dass Geld allein nicht glücklich mache, gerade von denen beschworen, die über dieses Gut nicht in ausreichender Menge verfügen.

Und reden eben jene mithin auch wie die Blinden von der Farbe, da, wie gesagt, zumeist vollkommen pleite, so ist diese Aussage trotzdem nicht weniger wahr, da zum Glücklichsein neben unvorstellbar viel Geld selbstverständlich auch ein stattlicher Vorrat verschiedener Drogen, eine hörige Nymphomanin sowie ein bunter Strauß absolut widerwärtiger Charakterdefekte unabdingbar sind.

Zwischen zwei Lachsbrötchen

Gilt auch ein Zeckenbiss mit nachfolgender Hirnhautentzündung gemeinhin nicht als sonderlich erfreulich, so wird doch sicher niemand ernsthaft bestreiten wollen, dass dies immer noch weitaus besser ist, als die völlig absurde Unterhaltsforderung der zwischen zwei Lachsbrötchen in der Mittagspause geschwängerten ehemaligen Sekretärin im Briefkasten zu finden!

Böcke

Ein höchst beklagenswerter Widerspruch besteht darin, dass viele Eltern das Auftreten sogenannter *Böcke* bei ihren halbwüchsigen Zöglingen entnervt verfluchen und zum Teufel wünschen, während späterhin gerade der Mangel selbiger, namentlich beim Eintritt des herangereiften Sprosses ins Arbeitsleben, zum Anlass endloser Lamenti wird.

Wissen von *A* wie *anale Phase* bis *Z* wie *Zyankali-Tablette*

Begriffe aus allen Bereichen des täglichen Lebens – verständlich und wertungsfrei erläutert

A

anale Phase: Fachbegriff aus dem wirren Vokabular überbezahlter Psycho-Kurpfuscher. Wie auch immer – für mich persönlich einfach die wohl schönste Zeit meines Lebens; zumindest aber tausend Mal besser als der beschissene Wehrdienst!

B

Beamter: bewegungs-, denk- und leistungsunfähiger, jedoch unkündbarer Transferleistungsempfänger, der sich tagsüber in Staatsgebäuden aufwärmt (siehe auch ↑ *Wachkoma*).

C

chemische Keule: nicht, wie gelegentlich angenommen, ein Gericht von der Speisekarte jener Schnellrestaurants, die vorwiegend Geflügelprodukte anbieten, sondern ein mit großem Erfolg von der deutschen Polizei angewandter Duftzerstäuber. Dient zur Besänftigung von Demonstranten und anderen Staatsfeinden (siehe auch ↑ *Bachblüten*).

D

Darmentleerung: biologischer Routinevorgang beim Homo sapiens, der zum Exkrementieren von vom Organismus als entbehrlich erachteten Verdauungsrückständen dient, oftmals den gesamten Sonntagvormittag in Anspruch nimmt, zum Auswendiglernen der Tagespresse genutzt wird und bei Außenstehenden, über die nasale Wahrnehmungsebene, die Vermutung nahelegt, sich in unmittelbarer räumlicher Nähe einer Abdeckerei zu befinden.

E

Emanzipation: lästiger Versuch vereinzelter sogenannter Frauen, ihr unerquickliches äußeres Erscheinungsbild durch maßlos übersteigerte Renitenz zu kompensieren. Endet meist in vollständiger sozialer Isolation und mit dem Hören von Stimmen.

F

finaler Rettungsschuss: einziges wirksames Mittel der Geschmackspolizei, um den wuchernden Auswüchsen der sogenannten Volksmusik Einhalt zu gebieten.

G

Gletscherspalte: von geschlechtsreifen männlichen Eskimos, in Ermangelung willigen Weibsvolkes, zur ↑ *Triebabfuhr* zweckentfremdete, schlitzartige Öffnung in großen Eisformationen.

H

Horn: multifunktionales Gebilde zur Kopfverletzungs-anzeige, Jagdruf-Ausstoßung und Bewusstseinserweiterung. Letzteres meist in Verbindung mit ungebändigtem, wild wucherndem Haarwuchs und einer schwer zu heilenden Neigung, sich mit übergroßer, formloser und unvorteilhafter Kleidung zu blamieren.

I

Inder: unterernährter Computerexperte mit zeitlich begrenzter Aufenthaltsgenehmigung, der rauhfutterverzehrende Großvieheinheiten für heilig hält und sich vermittels flugfähiger Fußbodenbeläge auf dem Globus ausbreitet, um seine überzogenen Gehaltsforderungen zu realisieren.

J

Jesus: überkandidelter religiöser Quacksalber, der vor rund zweitausend Jahren seine Zeitgenossen mit billigen Taschenspielertricks und extremer Hochstapelei zur Weiß-glut trieb. Seinen Lebensabend verbrachte er hängend an einem eigens für ihn gezimmerten Holzmöbel an der frischen Luft (siehe auch ↑*Pfahlsitzen*, frühe Formen).

K

Korruption: seit Jahrtausenden bewährte und völlig zu Unrecht in Verruf geratene Methode, durch selbstlose finanzielle Notstandslinderung bei wankelmütigen Entscheidungsträgern einen reibungslosen Ablauf verschiedenartigster Prozesse in Gang zu setzen.

L

Lebensfreude: angenehm prickelndes Gefühl, das sich durch massiven Drogenabusus, Steuerhinterziehung oder ungehemmte Gewaltausübung an Schwächeren erzeugen lässt.

M

Mutterbindung: grundgesunde Verschmelzung zwischen Mutter und Sohn. Findet, seitens des Sprösslings, ihren höchsten Ausdruck im Tragen von V-Ausschnitt-Pullis, Seitenscheitel und Hornbrille. Aus einem krankhaften Freiheitsbedürfnis heraus kommt es jedoch neuerdings immer häufiger zu verfrühten Ausbrüchen aus dieser Heimstatt der Geborgenheit, bis hin zum Verlassen des mütterlichen Haushalts vor Erreichen des Rentenalters.

N

Nagelprobe: erster Geschlechtsakt eines Zuhälters mit einer angehenden Prostituierten. Dient als Eignungstest und stellt somit eine wichtige Entscheidungshilfe im Rahmen der Bewerberinnenauswahl dar. Vielfach entfallen dafür die sonst bei der Personalsondierung üblichen Mathematik- und Rechtschreibtests.

O

organisiertes Verbrechen: der Struktur nach ein Netzwerk aus selbsthilfegruppenartigen Zusammenschlüssen verschiedener Individuen, deren Neigung, sich in ihrem Streben nach einem Platz auf der Sonnenseite des Lebens durch fragwürdige juristische Regelwerke einengen zu lassen, in der Regel schwach ausgeprägt ist.

P

Patriarchat: gottgewollte Gesellschaftsform, in der Frauen ihre beiden elementaren Grundrechte auf a) Ausführung aller niederen hauswirtschaftlichen Verrichtungen und b) angemessene Gängelung durch den männlichen Haushaltsvorstand quasi staatlich garantiert wird (siehe auch ↑ *Küchenbleiberecht* und ↑ *Weltwaschtag*).

Q

Quecksilber: vielseitiges Edelmetall, das, wegen seiner positiven Auswirkungen auf den menschlichen Organismus, bedenkenlos in der Zahnmedizin und, wegen seines erfrischenden Geschmacks, gerne zur Verfeinerung von japanischen Fischgerichten eingesetzt wird.

R

Randgruppendiskriminierung: überaus stimmungshebende Betätigung, die auf erfrischende Weise Vorurteile zementiert und mit wunderbarer Leichtigkeit über die belanglosen Emotionen von Sonderlingen hinweggeht. Bildet die Grundlage praktisch aller Formen menschlichen Humors.

S

Sozialamt: von linksradikalen Spinnern ins Leben gerufene Staatseinrichtung, deren einziger Zweck es ist, unter massivem Einsatz steuerlicher Mittel hochresistente subhumanoide Parasitenstämme zu züchten. Wird gelegentlich für eine Außenstelle der Landeszentralbank – Abteilung Banknotenvernichtung – gehalten. Das ist zwar durchaus nachvollziehbar, aber formalrechtlich nicht ganz korrekt.

T

Triebabfuhr: der persönlichen Befindlichkeitssteigerung dienende Tätigkeit, an deren Ende in der Regel die Absonderung einer zumeist überschaubaren Menge Ejakulats ins Klo oder beispielsweise eine Schüssel lauwarmen Puddings steht; der Phantasie sind hier jedoch keine Grenzen gesetzt.

U

Universität: aus Steuermitteln finanzierte Wärmehalle für lebensuntüchtige, arbeitsscheue Besserwisser, die sich ausschließlich von Hasch und Dosenravioli ernähren und glauben, dass sich aus ganztägiger Selbstbespiegelung sowie mangelhafter körperlicher Hygiene ein gesellschaftlicher Führungsanspruch ableiten ließe.

Ü

Ü: einziger Buchstabe des türkischen Alphabets.

V

Vollrausch: durch zügiges Inkorporieren alkoholhaltiger Flüssigkeiten herbeigeführter Gemütszustand, der ein klares, beglückendes Wahrnehmen der sogenannten Realität ermöglicht und nicht selten in einer oralen Ejakulation gipfelt (siehe auch ↑ *Selbstverwirklichung*).

W

Waldorfschule: als Schule getarnte Terroristenbrutstätte, deren einziges Ziel es ist, minderjährige, kurzsichtige Doppelnamenträger durch Fleischentzug und Fernsehverbot gegen die Gesellschaft aufzuhetzen.

X

X-Chromosom: potentieller Verursacher eines schweren genetischen Defekts, handelt es sich hierbei doch um ein sogenanntes Geschlechtschromosom, dessen doppeltes Vorkommen im Extremfall zur Ausbildung weiblicher Geschlechts- und Charaktermerkmale führen kann. 1987 erstmals Anerkennung als Geburtsfehler durch die WHO (World Health Organisation). In verwaltungsrechtlicher Hinsicht dadurch Komplikationen bei der Differenzierung von Frauen- und Behindertenparkplätzen. Aus diesem und anderen Gründen wird daher die generelle Aberkennung der Fahrerlaubnis für Doppel-X-Chromosom-Träger erwogen. Im Übrigen hat sich auch die experimentelle Einführung eines Wahlrechts für diese Personengruppe nicht bewährt.

Y

Yang und Yin: nur unter Opiumeinfluß genießbare regionale Speisespezialität aus den vorübergehend fremdverwalteten äußersten deutschen Ostgebieten (China), die aus dem Fleisch männlicher (Yang) und weiblicher (Yin) Hunde zubereitet wird und bei übermäßig häufigem Verzehr zu Kleinwuchs, einer unansehnlichen Gelbfärbung der Haut sowie einer briefschlitzartig verzerrten visuellen Wahrnehmung der Umwelt führt.

Z

Zyankali-Tablette: vielfach und mit überwältigender Erfolgsquote eingesetztes Medikament zur zügigen Lösung zwischenmenschlicher Konflikte, nicht zuletzt im Problembereich Schwiegermütter. Sehr hilfreich auch bei der Beschleunigung stockender Erbschaftsangelegenheiten.

Wissen von *A* wie *Amoklaufen* bis *Z* wie *Zurwehme*

Begriffe aus allen Bereichen des täglichen Lebens – verständlich und wertungsfrei erläutert

A

Amoklaufen: nach Joggen und Power-Walking der neueste Megatrend der Gesundheits- und Wellness-Bewegung. Neben der körperlichen Ertüchtigung, durch ein relaxtes Sich-die-Füße-vertreten im wirren Zickzackkurs, dient es vor allem dem Abbau seelischer Spannungen, herbeigeführt durch gelegentliches Freisetzen kleiner Metallkügelchen mit der Wellness-Wumme.

B

bigott: höchstes Wesen ohne klare sexuelle Orientierung.

C

Cellulitis: abstoßende, nässende Hautverschrumpelung beim Homo-sapiens-Weibchen, die den unaufhaltsamen körperlichen Verfall sowie massive genetische Defekte signalisiert und dadurch beim paarungsbereiten Homo-sapiens-Männchen den Fortpflanzungstrieb unterdrückt und stattdessen den Fluchtinstinkt auslöst. Dient somit letztlich der Arterhaltung (siehe auch ↑ *Darwinismus* und ↑ *Funktion der Pestbeule*).

D

Damenhandtasche: tragbare Sondermülldeponie, die üblicherweise aus der Haut von Reptilien oder Kleintieren hergestellt wird. Diese wiederum wurden zuvor *ausnahmslos* auf unvorstellbar grausame Weise hingerichtet.

E

erotische Spannung: sexuelle Knisterstimmung, die zwischen Partnern verschiedenen Geschlechts entsteht, wenn der männliche Part, durch ein Sich-bücken nach der im Tiefkühlfach gelagerten Doppelkornflasche, gleichzeitig seinen behaarten Arschansatz und die medizinballgroße Bierwampe entblößt.

F

Frau: heimtückische Lebensform, die sich vermittels arglistiger Täuschung Zugang zu grundsoliden männlichen Haushalten erschleicht, um selbige, durch den exzessiven Zukauf von überflüssiger Fußbekleidung und sonstigen zweckfreien Staubfängern, innerhalb kürzester Zeit systematisch in den finanziellen Ruin zu treiben (siehe auch ↑ *Blutegel*).

G

Genie, künstlerisches: unfrisierter Sozialhilfeempfänger, dessen handwerkliches Geschick in der Regel nicht ausreicht, um den Reißverschluss seiner unförmigen, zerschlissenen Cordhose zu schließen, der aber nach fünf bis sechs Gläsern Absinth wortreich erklären kann, warum ein Verlassen des Bettes vor sechzehn Uhr jegliche Kreativität abtötet.

H

Hippie: dauerbekiffter Shampoo-Hasser, dessen verödete Gehirnzellen als Endlosfusseln durch die Kopfhaut wachsen.

I

Imbiss: Kleinbetrieb, der in Altöl erhitzte Tiermehl-Bratlinge sowie in Darm gepresste Schlachtabfälle als Zwischenmahlzeit anbietet.

J

Jack the Ripper: britischer Erfinder, der bereits um die Jahrhundertwende das Problem der Überbevölkerung erkannte und ein hocheffizientes Lösungsverfahren bis zur Serienreife entwickelte. Der große Durchbruch blieb ihm aber leider verwehrt, da er von kleinkarierten Winkeladvokaten mit juristischen Taschenspielertricks ausgebremst wurde.

K

Klagelied: beschwingt-fröhlicher Schlager, in dem auf ausgelassene Weise der Dankbarkeit für das langersehnte Ableben unerträglicher Zeitgenossen Ausdruck verliehen wird.

L

Leberzirrhose: Die Krönung eines erfüllten Lebens. Eine Gnade!

M

Monogamie: krankhafte Beschränkung auf eine Sexual-
partnerin, die zwangsläufig mit einem erdrutschartigen
sozialen Abstieg und dem vollständigen Verlust jeglicher
Selbstachtung einhergeht (siehe auch ↑ *Lebensuntauglich-
keit* und ↑ *totales Versagen*).

N

Nekrophilie: Vorliebe für Sex mit einem Partner, der
nicht ständig seine eigenen Bedürfnisse in den Vorder-
grund drängt.

O

offenherziges Lächeln: unnatürliche, fratzenhafte Verzer-
rung der Gesichtszüge, die in der Regel zum Verbergen
von Mordabsichten eingesetzt wird.

P

Protestsänger: in staatlich subventionierten Töpferwerk-
stätten vor sich hinvegetierender Taugenichts, der durch
das unbeholfene Herumschraddeln auf verstimmten Wan-
dergitarren in Tateinheit mit dem atonalen Plärren endloser Jammer-Litaneien versucht, die Schuld für sein Versagen dem Rest der Welt in die Schuhe zu schieben.

Q

Quantenphysiker: weltfremder, geistig verwirrter Friseur-
Boykotteur, der permanent versucht, mit dem Verbreiten
abstruser Hypothesen davon abzulenken, dass sein tän-
zerisches Talent etwa dem eines Monolithen entspricht
und dass er außerdem selbst mit dem geraden Zuknöpfen
seiner von Mutti ausgesuchten braunen Strickjacke hoffnungslos überfordert ist.

R

Rabenmutter: hartherzige weibliche Person, die ihrem Sprössling Designerdrogen, Schusswaffen und osteuropäische Edelnutten vorenthält (siehe auch ↑ *Spaßbremse*).

S

Sekretärin: kurzsichtige Prostituierte mit Festanstellung.

T

Todessehnsucht: heftiges Verlangen nach dem unverzüglichen Ableben der eigenen Person, das sich sehr häufig nach Erhalt des Steuerbescheides einstellt.

U

Uruguay: Heimatland äußerst *schlagkräftiger* Fußballnationalmannschaften, die sich, vor allem während der Siebzigerjahre, vergleichsweise selten dem Vorwurf einer verweichlichten Spielweise ausgesetzt sahen. Unbestätigten Gerüchten zufolge wurden seinerzeit vorzugsweise Männer als Spieler rekrutiert, die zuvor wegen unmenschlicher Härte aus der Fremdenlegion verbannt worden waren (siehe auch ↑ *Blutgrätsche*).

V

Verschwendungssucht: von griesgrämigen Korinthenkackern zu Unrecht verteufelte Neigung, seiner sprühenden Lebensfreude durch den unbekümmerten, mittels Dispokredit finanzierten Ankauf von Oldtimer-Fuhrparks, Diamantenminen und Bernsteinzimmern angemessen Ausdruck zu verleihen.

W

Warmherzigkeit: heimtückische Verhaltensstörung, die durch mangelnde Zynismusfähigkeit ausgelöst wird. Die Betroffenen sind regelmäßig der totalen Lächerlichkeit preisgegeben.

X

X: in Wahrheit ein U. Glauben Sie mir! Welchen Grund hätte ich, die Unwahrheit zu sagen?

Y

Yvonne: dauerfeuchte Nymphomanin aus Bad Bramstedt, die sich nach konsequenter Strenge sehnt.
Tel.: 0190-69 69 69 69 69 69 (240.- Euro/Sek.)

Z

Zurwehme, Dieter: vor allem bei den deutschen Frauen beliebter Massenmörder, der Ende der Neunzigerjahre seine selbstgenehmigten Haftverschonungszeiten für spontane Rundreisen durch das schöne Deutschland zu nutzen pflegte.

DIE PRESSE
– Ein Spiegel der Gesellschaft –

Sie sei die vierte Macht im Staate, sagt man. Und das scheint durchaus nicht übertrieben, denn sie versorgt uns Tag für Tag mit wichtigen Informationen aus allen Bereichen des öffentlichen Lebens und ermöglicht damit überhaupt erst eine unabhängige und kritische Meinungsbildung für jeden Einzelnen von uns – die Presse.

Aber sie ist mehr als das. Sie liefert nicht nur sachliche Informationen, nicht nur nüchterne Zahlen und Fakten. Nein, gerade in ihrer vielfältigen Gesamtheit zeichnet sie darüber hinaus – nicht zuletzt auch zwischen den Zeilen – ein Spiegelbild unserer Gesellschaft, wirft Schlaglichter auf kulturelle und gesellschaftliche Stimmungen, Tendenzen und Befindlichkeiten.

Und so kann es sein, dass sich beim Blättern in den Zeitungen und Zeitschriften der Gegenwart mitunter auch die Frage stellt, ob wirklich alles Denkbare in einem humanistisch geprägten Staatsgebilde wie dem unseren schon erreicht ist, oder ob nicht an der einen oder anderen Stelle doch noch Feinschliff vorstellbar wäre.

Ich persönlich möchte mir hierzu kein Urteil anmaßen – das steht mir nicht an! Nein, ich habe lediglich einige Zeitungsausschnitte zusammengetragen und möchte Ihnen, werte Leser, so die Möglichkeit geben, sich selbst ein Bild zu machen.

Prof. Elsenbrink

Quelle: *Heilbronner Nachtkurier*
Rubrik: »Wo der Schuh drückt«

Immer häufiger und lautstärker fordern Nekrophile mehr Beachtung für ihre teils schwerwiegenden Probleme. So auch jüngst wieder auf dem 5. Heilbronner Nekrophilenkongress, der am vergangenen Wochenende stattfand und in diesem Jahr unter dem Motto »Wiederbelebung? Nein danke!« stand.

Wo den Nekrophilen der Schuh drücke, würde von der Öffentlichkeit und den zuständigen Politikern bisher kaum wahrgenommen, wenn nicht gar böswillig ignoriert, klagte Mitinitiator Dr. Gerhard Leich-Nahm gleich zu Beginn seiner Begrüßungsansprache.

Und er versäumte es in der Folge nicht, einige der vordringlichsten Probleme zu benennen: So hätten Nekrophile praktisch keine Möglichkeit, ihre Vorliebe für Verbalerotik *(gegenseitige obszöne Beschimpfungen während des Geschlechtsaktes – Anm. d. Red.)* auszuleben. Gefordert werde in diesem Zusammenhang eine kulantere Handhabung der Kostenübernahmen für logopädische Behandlungen von verstorbenen Mitgliedern seitens der gesetzlichen Krankenkassen.

Mit Sorge beobachte man außerdem den unaufhaltsamen medizinischen Fortschritt, der mittelfristig vermutlich zu einem verheerenden Mangel an potentiellen Partnern für Nekrophile führen werde. »Das kann so nicht weitergehen!«, mahnte er.

Nach wie vor unerfüllt sei auch die altbekannte Nekrophilenforderung nach speziellen Organspendeausweisen für Brüste, Vaginas und Darmausgänge. »So ein Paar

Spenderbrüste kann dir schon mal übers Wochenende hinweghelfen«, erläuterte er. Hier bestehe dringender Gesetzgebungsbedarf.

Auch ganz alltägliche Diskriminierungen, wie zum Beispiel die ständig kürzer werdenden Friedhofsöffnungszeiten oder den eiskalten Zynismus in Formulierungen wie »bis dass der Tod euch scheidet« sei man nicht mehr länger bereit, widerspruchslos hinzunehmen.

Zum Unwort des Jahres wurde übrigens – mit der überwältigenden Mehrheit der Delegierten – der Begriff *Defibrillator* gewählt.

Quelle: *Sindelfinger Liebesbote*
Rubrik: »Kontaktanzeigen«

Extrem dominanter, ultrabrutaler Schlägertyp (Ex-Fremdenlegionär) mit Faible für Gesichtsbekotung und spontane Verstümmelungen sucht megadevote Sklavensau (Typ Topmodel), die nicht übermäßig am Leben hängt. Schreib mir gefälligst, Du dumme, geile Schlampe, und zwar sofort! Kennwort: Keine Gefangenen!
Chiffre: XXXXXX

Völlig normaler M sucht völlig normale F. Meine Hobbys: Einatmen, Zaunlecken, Schicksalsschläge erleiden, Daunenweitwurf, Kampfmilben trainieren usw. Wenn Du auch gerne ausgelassen humpelst, schreibe mir!
Kennwort: Normal
Chiffre: XXXXXX

Ich bin passionierter Sadist und suche auf diesem Wege eine neue Masochistin, da sich meine letzte SM-Beziehung leider zerschlagen hat.
Chiffre: XXXXXX

Ich bin der Hartmut. Wenn Du mich liebst, schreibe mir.
Chiffre: XXXXXX

Nach einer schweren Enttäuschung (eine gehbehinderte pygmäische Heiratsschwindlerin hat mein gesamtes Vermögen unterschlagen) suche ich jetzt eine Frau, die es wirklich ernst mit mir meint. Bitte melde Dich so schnell wie möglich – ich habe nichts mehr zu essen.
Kennwort: Hunger
Chiffre: XXXXXX

Ich (M, 64, 1.62 cm, 146 kg, Kettenraucher) suche ein blutjunges, dauergeiles Nymphchen mit Riesentitten. Du musst mir unbedingt bei der Überwindung einiger persönlicher Schwierigkeiten (Alkoholsucht, Tablettensucht, Pattexsucht, Spielsucht, Kokainabhängigkeit, Überschuldung, extreme Gewaltausbrüche etc.) helfen, sonst bringe ich Deine Familie um. Ich freue mich auf Dich!
Chiffre: XXXXXX

Meine Mutti hat gesagt, dass sie nicht mehr länger bereit sei, ständig für mich die Beine breit zu machen. Sie wäre angeblich schon vollkommen wund gescheuert. Deshalb bin ich jetzt ganz traurig und suche eine neue Mutti. Du musst 65 Jahre alt sein, Konfektionsgröße 44 haben und eine Dauerwelle tragen; die Schürze kannst Du Dir von meiner Mutti borgen. Alles Weitere lassen wir in einer plastisch-chirurgischen Klinik machen. Geld spielt hierbei keine Rolle.
Kennwort: Ewige Liebe
Chiffre: XXXXXX

München

In der Münchener Justizvollzugsanstalt wurde gestern durch ein tragisches Versehen für die zweiundzwanzig dort inhaftierten Sexualstraftäter statt des sonst üblichen triebhemmenden Medikaments Elefantenviagra in das Mittagessen gemischt.

Die Triebtäter brachen anschließend gemeinschaftlich aus dem Gefängnis aus und verübten in der Münchener Innenstadt eine, so Polizeisprecher Gerhard Halsmaul wörtlich, »unvorstellbare Massenzerfickung« an mehreren Hundert unschuldigen Passanten, von denen ein großer Teil noch immer wegen massiver genitaler Ausleierung stationär behandelt wird.

Stuttgart

Der italienische Chansonsänger Paolo Conte, der kürzlich wegen unterlassener Hilfeleistung angeklagt worden war, ist gestern vom Stuttgarter Amtsgericht freigesprochen worden.

Sein Anwalt hatte die Richter mit einem denkbar knappen Plädoyer von der Unschuld seines Mandanten überzeugen können. »Paolo Conte nichts dafür!«

SUICIDAN *FORTE*®

gegen sinnloses Weiterleben

Als Salbe *oder* **hautfreundliche Creme**

Jetzt noch zuverlässiger
dank verbesserter Wirkstoff-Formel
(einzigartig – mit besonders hohem Anteil
pulverisierter Großhirnrinde von Freiland-Lemmingen)

Kennen Sie das?
Die Alte: *Migräne …*
Der Doppelbock: *alle.*
Das Fernsehprogramm: *beschissen!*
Die Krönung: *Morgen sollen Sie Tante Erna bei
ihrem scheiß Umzug helfen.*
Kurz gesagt: *Es ist alles so unfassbar sinnlos!*

Aber keine Sorge:
Wir haben etwas, das wirklich hilft!

Denn denken Sie immer daran:

EINFACH WEITERLEBEN IST AUCH KEINE LÖSUNG!

ALSO: Wenn Sie die Faxen richtig dicke haben,
einfach etwas **SUICIDAN** *FORTE*® auf die Haut
auftragen und der ganze Scheißdreck geht Sie
fünf Minuten später nix mehr an …

Quelle: *Deutsche Allgemeine*
Rubrik: »Aus aller Welt«

Berlin

Viele Friseure arbeiten aus Kostengründen neuerdings mit sogenannter *Scher-Ware (sprich: Schärwär).*

Washington

Amerikanische Forscher stellten kürzlich die Ergebnisse einer umfangreichen wissenschaftlichen Untersuchung der Öffentlichkeit vor.

Nach der Auswertung zehntausender Satellitenfotos, die die Volksrepublik China vom Orbit aus zeigen, sehen die Forscher endgültig als erwiesen an, was Millionen von Menschen aus persönlicher Erfahrung im Grunde schon lange wussten: Alle Chinesen sehen absolut gleich aus!

Quelle: *Die Rebzeilen –*
Neues aus der Weinwelt

Weinwarnung der Woche

Seit mehreren Jahren probiert der geistesgestörte Exil-Russe und frühere Zeckenzüchter Vladimir Reblauskow mit einigen Rebstocküberresten, die er höchstwahrscheinlich von einer Sondermülldeponie entwendet hat, im Keller seiner nordnorwegischen Blockhütte Wein anzubauen. Sein erklärtes Ziel: Er werde den erbärmlichen Stümpern und Weinpanschern von Lafite-Rothschild und Château Petrus zeigen, was ein großer Wein ist. Über dunkle Kanäle gelangten jetzt einige von ihm abgefüllte Flaschen unter der Bezeichnung *Lofotener Leberfraß* in Umlauf.

Das Etikett zeigt den offensichtlich sturzbetrunkenen, debil grinsenden Reblauskow nebst einem verstört dreinschauenden Elch, dem rechts und links einige verschimmelte Weintrauben aus dem Maul hängen. Ich machte mich auf einiges gefasst! Wohl wissend, welch Ungeistes Nachgeburt Reblauskow ist, legte ich vorm Öffnen der Flasche säurefeste Sicherheitskleidung und eine Gasmaske an. Gut so!

Nach Entfernen des alten Kaugummis, mit dem die Flasche verschlossen war, brach jedoch ein Geruchsrammstein über mich herein, vor dem auch die Gasmaske nur ungenügend Schutz bot und für dessen verbale Beschreibung keine angemessenen Vokabeln existieren. Trotzdem ein Versuch:

Die erste Welle stechender nasaler Wahrnehmungs-
schocks durchpochte mein Riechorgan infolge eines infer-
nalischen Gestanks nach verbrannten Fischflossen. Es war
dies allerdings erst der Auftakt zu einem Bukett-Arma-
geddon, einem nach Auslöschung trachtenden Angriff auf
meine sensorische Menschenwürde; vorgetragen von einem sich unaufhaltsam ausbreitenden Brodem, der an
Elchgedärme erinnerte, die man jahrzehntelang in praller
Sonne und bei tropischer Luftfeuchtigkeit fermentiert hatte. Entsetzlich! Ich schloss alle Türen und Fenster, um ein
Weiterziehen dieser Giftgaswolke zu verhindern.

Unter schärfsten Sicherheitsvorkehrungen füllte ich so-
dann etwas von der als Wein deklarierten Flüssigkeit in
ein transparentes Gefäß um. Ich glaubte, der Geburt des
leibhaftigen Antichristen beizuwohnen: Ein dunkelbrau-
ner, zähfließender Saft zog sich vor meinen Augen zu
einer unheilverkündenden amorphen Glibbermasse zusammen, die wie ein Geysir vor sich hinbrodelte und
schwarze Dämpfe absonderte. Ich war sicher, den Vorhof
zur Hölle betreten zu haben! Bizarre, angsteinflößende
Bilder aus der *Offenbarung des Johannes* schossen mir in
den Kopf, dann brach ich zusammen.

Unter unbeschreiblichen Schmerzen seelischer und körperlicher Art kroch ich, nach Luft ringend, zum Telefon
und verständigte die Feuerwehr. Ein Heer von Experten –
spezialisiert auf die Bekämpfung von Chemieunfällen –
traf kurze Zeit später bei mir ein. Es folgten: Meine Re-
animation, der Abtransport der toxischen Substanz aus
dem Hause Reblauskow und die prophylaktische Eva-
kuierung meines Heimatortes. Ende einer »Weinprobe«!

Fazit: Die unheilbaren Verätzungen an meinen Nasen-
schleimhäuten sind noch das geringste Übel, das ich von
dieser Verkostung zurückbehalten habe. Viel mehr quälen

mich die unerträglichen, surrealen Geruchshalluzinationen, die mich Tag und Nacht an den Rand des Wahnsinns treiben.

Gestatten Sie mir noch einen Satz zur labortechnischen Untersuchung des Lofotener Leberfraßes: Neben Unmengen an Substanzen, die von der Genfer Menschenrechtskonvention geächtet sind, fand man auch Rückstände einer bisher vollkommen unbekannten Rebenqualzüchtung – wahrscheinlich aus den Abgründen der Hölle ins irdische Dasein gezerrt von: Vladimir Reblauskow.

Seien Sie gewarnt! Die europäische Lebensmittelaufsicht und Interpol ermitteln. Sachdienliche Hinweise nimmt jede Polizeidienststelle entgegen.

Aphorismen, Bonmots
und
Premium-Gedanken

VORBEMERKUNG

Sie sehen scheiße aus, Sie stinken dermaßen aus dem Maul, dass sich selbst hartgesottene Kanalisationsarbeiter in Ihrer Nähe regelmäßig übergeben müssen, Sie sind zu dumm, um aus dem Bus zu gucken, Sie tanzen wie ein geisteskranker Pinguin ...

Was auch immer der Grund Ihres bisherigen Misserfolges beim weiblichen Geschlecht war; alles wird sich ändern, wenn Sie sich ein paar der nachfolgenden Aphorismen, Bonmots und Premium-Gedanken raufschaffen und damit bei der nächsten Party glänzen.

Die geilsten, bisher absolut unerreichbaren Luxusweibchen werden ihre öden, stinkreichen Goldkettchen-Träger auf der Stelle links liegen lassen, nur um von Ihnen aufs Schamloseste benutzt zu werden – glauben Sie mir!

Prof. Elsenbrink

»Alles Schlechte ist nie beisammen«, seufzte der Satanist.

Wer bei einer Gesäßprothesentombola die Arschkarte zieht, hat den Hauptgewinn!

»Die Kosten für die Behandlung können sie auch abstottern«, sagte die Logopädin …

Er hatte sich seine Jugendlichkeit bewahrt, oder wie nennt man es, wenn ein Mann von zweiundvierzig Jahren immer noch an den Nägeln kaut und ins Bett macht?

Ich muss mal wieder unter Leute, dachte er und ging in den Keller.

In den meisten Dekorationsartikelgeschäften ist es praktisch unmöglich, die Dekoration von der Dekoration zu unterscheiden.

Viele Drogensüchtige haben ein Problem mit ihren Fixkosten.

»Ein bisschen Schwund iss immer«, seufzte der
Amokläufer, als er sah, dass ein paar seiner Opfer immer
noch zuckten.

Als er bemerkte, dass ihm sein Zahnersatz gestohlen
worden war, verlangte er eine *lückenlose* Aufklärung
des Vorfalls ...

Bei vielen Hautkrankheiten stellt sich die Frage,
was eigentlich *ausschlaggebend* war.

Er hatte es als Laiendarsteller zu einer unglaublichen
Perfektion gebracht. Niemand konnte so gut einen Laien
darstellen wie er ...

»Bis nach Jerusalem müsste es etwa noch eine halbe
Stunde sein«, gab Jesus einem Fragenden zur Auskunft.
»Aber nageln Sie mich bitte nicht drauf fest«, fügte er
hinzu.
Nun ja, wir wissen ja alle, wie die Sache ausgegangen ist ...

Fast jeder in der westlichen Welt kennt heutzutage
Tai-Chi.
Aber kaum jemand hat je von der großartigen
chinesischen Schnupfenpräventionsgymnastik gehört:
Hat-Chi.

Musterbrief Erpressung

Absender: anonym *(hier bitte keine Adresse eintragen!)*

Herrn/Frau*

_____

_____

_____

Brisantes Bildmaterial

Sehr geehrte(r) Herr/Frau* _____ ,
gleichsam wie die sprichwörtliche Jungfrau zum Kinde, bin ich in den Besitz einiger Fotos gekommen, an deren ungehinderter Verbreitung ihrerseits vermutlich kein gesteigertes Interesse bestehen dürfte.
Man sieht Sie auf den Fotos beim:

- ☻ Urinieren auf das Grab Ihrer Schwiegermutter

- ☻ Oralverkehr mit dem Nachbarshund/sonst. Tieren*

- ☻ Erwürgen/Verscharren* des Gerichtsvollziehers

- ☻ Bekoten der Fußmatte Ihres Vermieters/Chefs*

Gegen die Zahlung einer geringen Bearbeitungsgebühr von 50.000/75.000* Euro in kleinen, nicht nummerierten Scheinen, zu hinterlegen um _____ Uhr an/am* _____ ,
übersende ich Ihnen o. g. Bildmaterial, zu meiner Entlastung, selbstverständlich gerne.

Mit freundlichen Grüßen

* **Unzutreffendes bitte streichen**
    (Dieses Schreiben wurde maschinell erstellt und gilt ohne Unterschrift)

Register